Mildred D. Taylor

*Die Brücke am Mississippi*

*Zur Erinnerung an meinen Vater, den Geschichtenerzähler. Wieder einmal habe ich aus den Geschichten geschöpft, die er uns erzählt hat.*

*Mildred D. Taylor*

Es regnete, und das hatte es schon den ganzen Tag getan. Tatsache ist, dass es schon seit Wochen geregnet hatte, ein ständiger, dicktropfiger Regen war das, der hatte draußen die Straßen glitschig gemacht und drinnen die Wände aufgeweicht. Eben unser Mississippi-Winter. Fast war er vorbei, aber noch nicht ganz. In den letzten Tagen vor dem Frühjahr mussten die Leute gucken, dass sie was fanden, was sie tun konnten. Die Frauen, die fanden meistens was. Ma und meine Schwester Lillian Jean blieben drin, und die kochten und nähten und bügelten und säumten und putzten. Aber für die Männer war nichts zu tun, außer den Regen zu verwarten, warten, dass alles trocken wurde, warten, dass sie pflügen konnten, und warten, dass sie säen konnten. Pa und meine Brüder, R.W. und Melvin, und ich, wir hatten alles Holz gehackt, was zu hacken war, alle Zäune und alle Geräte repariert, die zu reparieren waren, und wir hatten die Saat gekauft. Und jetzt warteten wir halt.

Pa verbrachte ein gut Teil seiner Zeit bei Wallace im Laden. R.W. und Melvin, die fast schon Männer waren, verbrachten da auch 'ne ganze Menge Zeit. Pa und R.W. und Melvin und die anderen Männer, die sich da trafen, saßen immer um den alten Kanonenofen. Bisschen haben sie Schach gespielt, aber meistens haben sie doch über die schlechten Zeiten geredet. Sie haben gelacht und rumgealbert, und Ma hat gesagt, das hilft ihnen alles, dass die Zeit vergeht, dass sie sich nicht solche Sorgen machen wegen den Baumwollpreisen. Baumwolle war schon lange – über zwei Jahre – so billig wie nie, und zwar seit die Depression war, 1929, und alles den Bach runterging. Es sah nicht so aus, als würden die Preise irgendwann wieder hochgehen, und Pa sagte, wenn die nicht bald steigen, dann würden wir alle schlimmer leben wie die Nigger.

Den einen oder anderen Tag bin ich auch zum Laden von Wallace gegangen. Damals war ich noch nicht sehr groß. Ich war erst zehn, deswegen hab ich nicht so viel drinnen bei den Männern gesessen. Dafür hab ich mich auf die Veranda gehockt, gleich auf den Bretterboden, mich an einen Pfosten gelehnt und auf die Kreuzung geguckt. Klar, auf die Straße gucken hat nun nicht bedeutet, dass da viel zu sehen war, bloß der Wald drum rum und der glitschige rote Matsch. Ab und zu kam mal ein Laster vorbei oder ein Fuhrwerk oder irgendjemand zu Fuß, der zum Laden wollte. Etwa einmal in der Woche kam der Bus aus Jackson hier lang, hielt vor dem Laden, um die Leute einsteigen zu lassen, und dann fuhr er weiter nach Westen, über die Brücke, die den Fluss Rosa Lee überquerte. Am nächsten Tag kam der Bus zurück, und dann ging's nach Norden. Meistens saß ich einfach so auf der Veranda, guckte raus in den trüben Regen, und nichts geschah, was die Erwartbarkeit von allem durchbrochen hätte.

Jedenfalls saß ich auch an dem Tag da, wo Rudine Johnson und ihre Mama die Straße lang kamen. Sie hatten ein paar Koffer dabei, mit Strippen drum, und sahen so aus, wie wenn sie verreisen wollten. Nebel war, und ich sah sie ganz plötzlich auftauchen, beinahe wie Geister in der Nacht. Rudine war schon ganz schön groß, vielleicht so alt wie R.W. und Melvin, und so richtig gut gekannt hab ich sie und ihre Mama nicht, also hab ich nur so genickt, und sie haben zurückgenickt, dann sind sie an mir vorbei und rein in den Laden.

Dann hab ich mich nicht weiter um sie gekümmert, jedenfalls nicht, bis ich höre, wie Mr. John Wallace lacht. Da hab ich mich rumgedreht und hab reingeguckt. Rudine, die stand vor dem Ladentisch und ihre Mama gleich daneben. Rudine, die fingerte so ein bisschen an einem breitkrempigen Hut rum, sommerhimmelblau war der und auf einer Seite steckte ein fitzelkleiner Zweig mit so was wie Frühlingsblüten dran. Der Hut lag auf einem Ständer, und Rudine, die fragte Mr. John Wallace, den Ladenbesitzer, ob sie den Hut vielleicht mal anprobieren könnte. Das war's gewesen, was Mr. Wallace so zum Lachen gebracht hatte.

«Also wirklich, Rudine, du weißt doch, dass ich dich den Hut nicht anprobieren lassen kann», sagte Mr. John. «Kaufen kannste ihn, aber wenn du das tust, dann musst du ihn auch behalten. Den kannste nich einfach wieder umtauschen, wenn du ihn mal auf'm Kopf hattest.»

«Ja, Sir ... ich weiß ...» Sie guckte ziemlich sehnsüchtig zu dem Hut hin, dann machte sie einen tiefen Seufzer und schüttelte den Kopf. «Na ja, is ja auch egal. Kann ihn sowieso nicht kaufen.»

«Das hab ich mir doch gedacht», sagte Mr. John Wallace, dann ging er wieder zu Pa und R.W. und Melvin und den anderen Männern, die um den Ofen saßen. «Niggers!», schnaubte er, dann hat er wieder gelacht.

So ungefähr in dem Moment, wie er das gemacht hat, da sind Miz Hattie McElroy und ihre Enkelin Grace-Anne angefahren gekommen. Miz Hattie war Witwe. Sie war meine Lehrerin, und sie wohnte ein Stück hinter der Jefferson Davis Schule, die Straße rauf. Onkel Moses Thompson, ein alter farbiger Mann, der für Miz Hattie immer dies und das erledigte, hat am Steuerrad gesessen. Er blieb direkt neben der Benzinzapfstelle stehen, stieg aus und hielt Miz Hattie und Grace-Anne die Tür auf. Grace-Anne war ein hübsches Mädchen, nicht älter wie vielleicht vier Jahre. Sie hatte goldene Löckchen und Augen, die waren so grün wie neue Kiefernnadeln. Ich mochte sie, und Miz Hattie mochte ich auch. Vornehme Leute waren die.

«He, Jeremy!», piepste Grace-Anne mit ihrem bimmelnden Stimmchen.

«He», hab ich geantwortet.

«Jeremy, mein Kind!», sagte Miz Hattie. «Was machst du denn hier so alleine? Ist dein Daddy drinnen?»

«Ja, Ma'am», antwortete ich. «Er und R.W. und Melvin.»

Miz Hattie schien das nicht so richtig zu gefallen, denn sie runzelte die Stirn. «Tja, da sind sie wohl meistens, was?», sagte sie, und ich war nicht so sicher, wie ich das verstehen sollte. Ich war nicht so sicher, ob das nicht gegen meinen Vater ging. Dann kehrte sie zu Onkel Moses Thompson zurück. Sie redete ein paar Minuten lang mit ihm, was, konnte ich aber nicht hören, und dann holte Onkel Moses die Taschen raus, stellte sie auf die Veranda und fuhr weg. Als er weg war, frag ich: «Miz Hattie, verreisen Sie heute?»

«Wir fahren zu meiner Mama!», antwortete Grace-Anne, die freute sich richtig darüber.

Miz Hattie nickte: «So ist es.» Dann zog sie die Augenbrauen hoch und guckte zur Straße. «Ich hoffe nur, dass der Bus pünktlich ist.»

«Warum fahren Sie denn mit dem Bus, Miz Hattie?», fragte ich. «Sie haben doch ein Auto, da könnten Sie doch mit fahren.»

«Ach, Kind, als Mr. McElroy noch am Leben war, sind wir ganz oft mit dem Auto gefahren, aber seit er verstorben ist, nehme ich lieber den Bus. Selber kann ich nicht fahren – da machen meine Nerven nicht mit –, und Onkel Moses kann nicht mehr richtig sehen.» Sie lachte. «Ihm trau ich nur die Fahrt von zu Hause bis zu diesem Laden zu. Glaub mir, für uns ist der Bus sicherer.» Dann schenkte sie mir ein sonniges Lächeln, nahm Grace-Anne bei der Hand und ist rein in den Laden.

Sobald sie drin waren, hat sich Mr. John Wallace nicht mehr an den Ladentisch gelehnt, sondern hat sich anständig gerade hingestellt und sie begrüßt. Sie hat zurückgegrüßt, und dann haben sie ein bisschen darüber geredet, dass Miz Hattie verreist und wie es den Familien so geht. Dann sagte Mr. Wallace: «Kann ich irgendwas für Sie tun?»

«Nun, ich hätte gern ein bisschen Zuckerzeug für Grace-Anne, was für unterwegs.»

«Natürlich, Ma'am, wird sofort erledigt», sagte Mr. John Wallace. «So ein hübsches kleines Mädchen wie

Miss Grace-Anne hat sich was Süßes verdient.» Er nahm ein großes Glas mit Süßigkeiten vom Ladentisch, bückte sich und hielt es Grace-Anne hin, so dass sie sich rausnehmen konnte, was sie wollte. Miz Hatties Blick wanderte auf den Ladentisch und dann zu dem sommerhimmelblauen Hut, den Rudine so bewundert hatte. Mr. John Wallace, der hat das gemerkt. «Kann ich sonst noch was für Sie tun, Miz Hattie?»

«Nun … dieser Hut hier …» Sie berührte ihn ganz vorsichtig. «Der sieht so nach Frühling aus …»

«So ’n Hut wie der, na, der würde bestimmt ’n bisschen Sonnenschein in diese trübe Suppe bringen», sagte Mr. Wallace. «Warum probieren Sie ihn denn nich mal an? Der würde sich bestimmt gut auf ihren prächtigen Haaren machen.»

Miz Hattie wurde knallrot. «Aber nicht doch, Mr. Wallace! Den könnte ich mir doch sowieso nicht leisten, nicht in diesen schweren Zeiten.»

«Aber es kann doch nich schaden, ihn mal anzuprobieren. Da ist ein Spiegel.» Er gab ihr den Hut. «Na los, Miz Hattie, bringen Sie ein bisschen Licht in diese Hütte. Es wird eine Freude sein, Sie in dem Hut zu sehen.»

Miz Hattie nahm den Hut und setzte ihn auf ihre dichte rote Mähne. Mit einer riesigen Hutnadel steckte sie ihn fest. Rudine und ihre Mama waren noch im Laden. Ich hab gesehen, wie sie guckten.

«Na, ist der nich schön?», sagte Mr. Wallace. «Damit sehen Sie aus wie ein Schulmädchen.»

«Tja, hübsch ist er wirklich», gestand Miz Hattie und richtete vor dem Spiegel ihre Haare. «Doch, das ist er …»

Während Miz Hattie überlegt, ob sie nun den Hut kaufen will oder nicht, seh ich Josias Williams die Straße langkommen, ein kleines Bündel hat er in der Hand gehabt und seine Sonntags-Ausgeh-Sachen an. Josias war ein richtig ausgewachsener Mann, bestimmt schon seit zehn Jahren oder noch länger, aber verheiratet war er nicht. Er sagte, er hat eben noch nicht die Frau gefunden. Hat auch gesagt, dass ihm das grad recht war, weil's in seiner Familie schon so viele Mäuler zu füttern gab, und da hat er was Wahres gesagt. Ein ganzer Haufen Leute waren die, und sie lebten von ein paar Morgen Land, auf Halbpart. Weil sie bei uns so dicht neben dran wohnten, sind Josias und ich manchmal zusammen zum Angeln gegangen, unten am Rosa Lee. Josias und ich, wir waren Freunde.

«He, Josias!», rief ich.

Er hatte mich schon gesehen und grinste sein breites Grinsen. «Nass genug für dich?», fragte er und trat auf die Veranda.

Das bestätigte ich ihm, und er lachte. «Wenn das so weitergeht, dann müssen wir uns bald 'ne Arche bauen, wie der olle Noah!»

Ich grinste ihn an, dann hab ich sein Bündel gesehen und frag: «Fährst du weg, Josias?»

«Ja, Sir! Kann sein, ich krieg Arbeit. Holzfällen im Trace. Der Boss sagt, wenn ich heute komm, hab ich Arbeit!»

«Na, da hoff ich aber, dass du's schaffst, Josias!»

«Klar schaff ich das. Und wenn's noch so viel regnet, heut lächelt mir der Herr zu! Ich weiß genau, dass er's tut!» Dann lachte er und ist in den Laden.

Ich stand auf und bin hinter ihm her.

«Na, sieh einer an, Josias», grüßte Mr. Wallace. «Was treibt dich denn dazu, an einem verregneten Wochentag so geschniegelt rumzulaufen?»

«Nun, Sir, Mr. Wallace, ich mache eine kleine Reise.»

«Tatsache?»

«Ja, Sir!»

«Na, wo hast du denn das Geld für so 'ne Reise her, Junge?»

«Hab jeden Pfennig zusammengekratzt, den ich kriegen konnt. Bisschen was musst ich mir borgen, aber das ist es wert, denn ich krieg Arbeit.»

Pa trommelte mit den Fingern auf den Tisch. Das tut er meistens, wenn ihm was nicht so richtig passt. «Nun sag einmal, Josias», sagte er. «Was für 'ne Arbeit ist denn das, die du da kriegen willst?»

Josias drehte sich zu Pa um. «Nun, Mr. Charlie, ich hab einen Brief von meinem Cousin, und der ist am

Holzfällen, da beim Natchez Trace. Er sagt, ich soll man kommen, der Boss wird mich einstellen und bar auf die Hand bezahlen, nu, da werd ich doch hinfahren!»

Pa runzelte die Stirn. Viele Männer waren in jenen Tagen auf Arbeitssuche. *Weiße Männer.* Und da kommt Josias und erzählt, dass er beim Natchez Trace Arbeit als Holzfäller kriegen will.

«Wie sieht's denn mit der Aussaat aus, Junge?», fragte Mr. John Wallace. «Hast du kein Land zu bestellen?»

«Ach, Mr. John, Sie wissen doch, bei uns zu Hause gibt's genug, die zupacken können. Die brauchen mich nicht. Da ist es besser, wenn ich arbeiten geh und was Bares verdiene.»

Pa trommelte wieder auf den Tisch. «Was redst du da von barem Geld, Junge? Heutzutage haben ja nich mal weiße Männer genug Bargeld. Was ist? Hältste dich für was Bessres wie'n weißer Mann?»

Da ist das Lächeln, das die ganze Zeit in Josias' Gesicht gesessen hat, aber schnell verschwunden. Seine Augen wurden groß, und ich wusste, jetzt hat er Angst. Den Blick, den kannte ich schon. «Also ... also, nein Sir, Mr. Charlie. Nie ... niemals hab ich so was gedacht.»

«Und wieso wagste es dann, mir glatt ins Gesicht zu lügen, und erzählst mir, du hast Arbeit gekriegt?»

«Also, nein Sir, nein, ich lüg nich …»

«Dann heißt das, du kannst Arbeit kriegen, da wo 'n weißer Mann keine kriegen kann?»

Der arme Josias, der weiß nicht, was er sagen soll. Wenn ich er gewesen wär, ich wär genauso in der Klemme gewesen. Pa konnte fies werden, wenn's um farbige Leute ging. Josias blickte rüber zu Rudine und ihrer Mama. Die wichen zurück, die hatten auch Angst. Miz Hattie sah von ihrem Spiegel auf und guckte. Grace-Anne schleckte an ihrem Lutscher und guckte auch.

Dann ließ Pa seiner Hand freien Lauf. Er knallte sie auf den Tisch. «Heißt es das, ja?»

«Nein! Nein … nein, Sir, Mr. Charlie! Das heißt es nicht. Ich hab gar keine Arbeit, das hab ich bloß so gesagt, das ist mir bloß so rausgerutscht, ich wollt bloß angeben! Ich hab keine Arbeit bei den Holzfällern, ich hab überhaupt keine Arbeit, wo ich Bargeld verdien!»

«Und was fährste dann mit dem Bus?»

Josias ließ den Kopf hängen. «Mein Cousin … mein Cousin, der braucht Hilfe bei sich zu Hause. Er war krank den Winter über … und nu braucht er mich für die Aussaat.»

Pa lächelte höhnisch, als hätte er das sowieso schon die ganze Zeit gewusst. R.W. und Melvin, die haben gegrinst, wie Josias runtergemacht wurde, und haben was gemurmelt, von wegen dass Neger immer lügen.

Sie waren stolz, dass Pa Josias dazu gebracht hat, die Wahrheit zu sagen, und das ließen sie ihn auch wissen. Und die anderen Männer auch.

Josias, der bekam das, weswegen er rein gegangen war, und ist wieder raus. Ich wartete ein paar Minuten, dann bin ich auch raus. Ich mochte das nicht, wie Pa mit Josias geredet hat. Josias war ein netter Mann. Der hat niemandem was getan. Aber ich hab gewusst, es war die Art von Pa und den anderen Männern, so mit Josias zu reden, und es war die Art von Josias, sich das gefallen zu lassen. Farbige Leute müssen sich solche Art zu reden wohl immer gefallen lassen. Einmal hab ich gesehen, wie Pa und Melvin und R.W. und noch eine Menge mehr, wie die einen farbigen Mann die Straße langgezerrt haben, ihn geschlagen haben, bis er fast kein Gesicht mehr hatte, und das, weil er sich gewehrt hat und widersprochen hat. Mir hat die Art von Pa noch nie gepasst. Das war nicht recht, das wusste ich einfach, aber ich hab Pa nie merken lassen, was ich dachte, denn Pa, der konnte ganz schön aufbrausen, und das konnte ganz schön schnell gehen. Pa in die Quere zu kommen, das konnte keiner wollen, Verwandtschaft hin oder her. Wer Pa in die Quere kam, der konnte sich auf was gefasst machen.

Ich trat raus auf die Veranda und hab Josias am anderen Ende an einem Pfosten lehnen sehen. Sein Bündel lag neben seinen Füßen. Er hat mich gesehen und den Kragen hochgestülpt, damit er warm wird am Hals, dann verschränkte er die Arme und starrte raus auf die Kreuzung, wartete auf den Bus. Die Lippen hatte er zusammengepresst. Er sah ganz anders aus als drinnen im Laden. Da hatte er Angst gehabt. Jetzt war er wütend. An seinem ganzen Körper konnte ich das sehen. Ich ging zu ihm und lehnte mich an den Pfosten gleich neben ihm. «Josias», sagte ich ganz ruhig. «Du hast die Arbeit gekriegt, beim Holzfällen, stimmt's?»

Josias guckte kurz zu mir rüber, aber gesagt hat er nichts.

«Du hast die Arbeit, klar doch. Ich wünschte ... ich wünschte, du hättst nicht lügen müssen, Josias.»

Jetzt blickte mich Josias ganz lange und fest an. «Willste, dass ich was andres sage? Willste, dass ich tot bin?»

«W... was?»

«Weil, wenn ich bei deinem Vater 'ne Lippe riskier, dass er denkt, ich hab was, was er nicht hat, dann passiert genau das, Junge. Auf jeden Fall. Er ist ein weißer Mann und ich bin schwarz wie die Nacht. Klar würd mir das passieren.»

«Aber du wirst dir doch wohl 'n bisschen was Bares verdienen dürfen!», rief ich. «So'n Quatsch! Alle wollen doch 'n bisschen was verdienen, da hast du doch dasselbe Recht wie alle, Josias!»

Josias starrte mich bloß an, dann guckte er wieder auf die Straße. Mit mir hat er nicht mehr gesprochen.

Ich bin weg von ihm und bin auf die andere Seite der Treppe und hab mich auf die Bank vor den Ladenfenstern gesetzt. Josias stand eine ganze Weile an den Pfosten gelehnt, und ich saß auf der Bank, und gesagt haben wir nichts. Das war ganz schön blöd, wir zwei da auf der Veranda und keiner sagt ein Wort.

Rudine und ihre Mama, die kommen raus und stellen sich neben Josias. Nach einer Weile, da kommen Miz Hattie und Grace-Anne auch raus, und sie setzen sich neben mich. Miz Hattie trug den Frühlingshut. «Jeremy!», rief Grace-Anne. «Hast du Grannys Hut gesehen?»

Ich nickte.

«Ist der nicht schön?»

Ich schaute rüber zu Rudine, die zuguckte, und dann drehte ich mich zu Miz Hattie um. «Ja ... das ist er.»

«Nun ist aber gut!», lachte Miz Hattie, und ich wusste, dass sie sich richtig schick vorkam in dem neuen Hut.

«Doch ... doch, das stimmt, Miz Hattie. Der steht Ihnen gut», sagte ich, und sie dankte mir für das Kompliment.

Ich wollte von der Bank aufstehen, aber da hielt mir Grace-Anne ihre kleine Papiertüte mit den Zitronenbonbons vor die Nase. «Hier, Jeremy», sagte sie, «hier, nimm dir welche.»

Zwar wollte ich im Moment überhaupt nichts von ihren Zitronenbonbons wissen, aber Grace-Anne war so ein niedliches kleines Mädchen, dass ich trotzdem in die Tüte griff, ein paar Bonbons rausnahm und mich nett bedankte. Dann aber bin ich rüber zu einem Pfosten und hab mich da rangelehnt, genau wie Josias. Ich wusste, ich konnte Miz Hattie nicht vorwerfen, dass Rudine den Hut nicht anprobieren durfte, aber mies fühlte ich mich trotzdem, und wegen Josias auch. Ich wollte noch ein bisschen mit Josias reden, bevor er in den Bus stieg und wegfuhr, aber er wollte nichts mit mir zu tun haben, also hab ich da an meinem Pfosten gelehnt und hab geguckt, was er und Rudine machen.

Nach einer Weile hab ich noch mehr Leute kommen sehen. Es war der Junge, Stacey Logan, mit seiner Großmutter und seiner Schwester Cassie und seinen Brüdern, Christopher-John und Little Man. Stacey war zehn, so alt wie ich, Cassie war vielleicht sieben und Christopher-John vielleicht fünf und Little Man nicht älter als vier. Ihre Familie besaß eine ganze Menge Land ein Stück westlich von uns, und das war schon was, wo die doch farbig waren. Die Leute sagten, denen würde das Land schon seit fast fünfzig Jahren gehören, aber Pa hat das noch nie geschmeckt, dass die Land hatten, wo wir selber bloß als Pächter auf dem Land von anderen Leuten lebten. Normale Pacht war zwar nicht so schlimm wie Pacht auf Halbpart – immerhin gehörte uns unser Maultier, bezahlten wir für unser Saatgut und so was selber, und wir gaben Geld für die Pacht und nicht die halbe Ernte wie bei Halbpart; trotzdem, uns gehörte das Land nicht, das wir bestellten, den Logans gehörte ihrs aber schon. Pa sagte, es wär nicht richtig, dass Neger mehr hätten als weiße Leute, er sagte, wegen dem Land würden die Logans solche Angeber sein und immer so hochnäsig rumlaufen und denken, sie wären genauso gut wie weiße Leute. Und deswegen hat Pa die nie ausstehen können. Aber ich mochte sie. Ich fühlte mich zu denen hingezogen. Sie hatten was.

An dem Tag, da sahen sie auch so aus, wie wenn sie wegfahren wollten. Ihre Großmutter trug in der einen Hand eine Tasche und mit der anderen hielt sie einen Schirm hoch. Stacey schleppte einen Sack und die drei Kleinen trugen jeder eine Blechkanne, und alle vier hatten Kalbsfelle mit Kapuzen übergestülpt, wo das Wasser dran runterlief. Wie ich die alle kommen sah, ging's mir schon ein bisschen besser. Sie kamen auf die Veranda hoch, und ich hab genickt. Ihre Großmutter – Caroline hieß sie – hat zurückgenickt, hat den Schirm runtergenommen und ist zum anderen Ende der Veranda und hat sich neben Josias und Rudine und ihre Mama gestellt. Stacey, der hat geredet, aber die Kleinen haben kein Wort gesagt, wie wenn's genug wär, wenn einer von ihnen spricht. Sie haben mich bloß angeguckt und sind dann schnell zu ihrer Großmutter. Stacey wollte gleich hinterher, aber dann hab ich mich geräuspert und gefragt: «He … Stacey, verreist ihr?»

Er guckte mich an, wie wenn mich das gar nichts angeht, aber dann hat er mir doch geantwortet: «Big Ma, die verreist.»

«Wo denn hin?», fragte ich. Es war nicht so, dass ich das unbedingt wissen wollte. Ich wollte bloß, dass das Gespräch weitergeht. Stacey hat mich noch mal so angeguckt.

«Big Mas Schwester, die ist mächtig krank. Big Ma fährt hin, um sie zu pflegen.»

«Na ja, ich … ich hoff nur, dass es ihr bald besser geht … dass sie ganz schnell gesund wird.»

«Danke», sagte er, dann wendete er sich ab. «Ich muss.»

Ich nickte ihm zu, und er ist zum anderen Ende der Veranda, zu seinen Leuten. Und kurz danach tauchte schon der Bus aus Jackson auf. Der Busfahrer kam raus und ging in den Laden, und wie er zurück war, hat er ganz höflich zu Miz Hattie und Grace-Anne gesagt, sie könnten schon mal einsteigen.

«Jeremy, hilfst du uns mit den Taschen, mein Kind?», bat Miz Hattie.

«Klar doch!», antwortete ich gleich, froh, dass ich das tun konnte. Ich nahm eine ihrer Taschen und der Busfahrer die andere, und wir stiegen alle in den Bus. Der Bus war ziemlich voll, aber Miz Hattie fand zwei Plätze gleich vorne. Der Busfahrer hat gewartet, bis Miz Hattie und Grace-Anne auf ihren Plätzen saßen, und dann hat er von ihnen das Fahrgeld kassiert, hat ihnen eine gute Reise gewünscht und ist wieder raus aus dem Bus. Ich blieb noch ein bisschen und redete mit Miz Hattie und Grace-Anne, aber ich hörte trotzdem, wie der Busfahrer draußen das Geld von den Farbigen einsammelte und ihnen sagte, sie könnten jetzt einsteigen. Sobald die Leute alle bezahlt hatten, ging der Busfahrer auf die Veranda und unterhielt sich noch mit Mr. John Wallace. Josias, Rudine und ihre Mama stiegen ein und gingen ganz nach hinten durch. Als letzte stieg Staceys Großmutter ein, und alle Kinder hinterher, die halfen ihr mit der Tasche und dem Sack. Ihre Großmutter ist an mir vorbei. Und auch Christopher-John und Little Man. Aber dann kam diese Cassie, die bleibt stehen und sagt: «Warte mal, Big Ma! Hier ist ein Platz! Gleich hier vorne ist ein Platz!»

Alle Augen im Bus wendeten sich ihr zu. Ihre Großmutter Caroline dreht sich um, sieht all die Augen und lässt das sofort an Cassie aus. «Sei still, Mädchen!», schimpft sie. «Sei still, und komm weiter.» Dann geht sie weiter nach hinten durch, wo all die anderen farbigen Leute sitzen.

Aber Cassie lässt nicht locker. Sie rührt sich nicht vom Fleck. «Aber wieso willst du denn da hinten sitzen, Big Ma?», ruft sie. «Von da gaaanz hinten kannst du doch gar nichts sehen! Der Platz hier, der ist doch viel besser …»

Stacey, der hinter ihr war, hat ihr einen kräftigen Schubs gegeben, dann packte er ihre Hand und zerrte daran. Cassie stemmte sich wütend dagegen. «Junge, was hast du denn?», kreischte sie. «Du hast überhaupt keinen Grund, mich zu schubsen …»

«Mädchen, sei still!», zischte Stacey. «Das sind die Plätze von den Weißen!»

Er sagte das zu ihr und sein Blick fiel direkt auf mich, und ich konnte sehen, dass er mächtig wütend war, genau wie Josias. Cassie, die drehte sich noch mal um zu dem Platz, den sie für ihre Großmutter haben wollte, dann guckte sie auch mich an und folgte Stacey den Gang lang bis nach hinten durch. Ich wendete mich zu Miz Hattie um, die hat ihren Kopf geschüttelt und geseufzt. Sie sorgte dafür, dass Grace-Anne sich umdrehte, dann verabschiedete sie sich von mir und wünschte mir alles Gute: «Sei schön brav», sagte sie.

«Ja, Ma'am», versicherte ich ihr und bin zur Tür.

«Tschüs, Jeremy!», rief Grace-Anne und winkte mir mit ihrer kleinen Hand hinterher.

Ich schaute sie noch einmal an, die Kleine mit ihren goldigen Locken, und winkte zurück und lächelte. «Tschüs!», sagte ich. «Wir sehen uns wieder, wenn ihr zurückkommt.» Dann stieg ich aus.

Stacey, Cassie, Christopher-John und Little Man kamen direkt hinterher. Ihre Blechkannen hatten sie solange auf der Veranda stehen lassen wie sie ihrer Großmutter in den Bus geholfen hatten. Jetzt gingen sie auf die Veranda, um sie zu holen, und dann blieben sie dort stehen und guckten zum Bus. Ihre Großmutter machte ein Fenster auf und steckte den Kopf raus. «Was soll denn das?», fragte sie.

Cassie antwortete sofort. «Wir warten, bis du abfährst, Big Ma!»

Das passte ihrer Großmutter Caroline aber überhaupt nicht. «Stacey, ihr geht jetzt sofort los!», befahl sie. «Ihr braucht nicht zu warten, bis ich abfahre. Macht, dass ihr fortkommt, damit ihr bald wieder zu Hause seid und eurer Mama helfen könnt. Und Miz Georgia, die wartet auf ihre Milch!»

«Aber Big Ma!», protestierte Little Man. «Wir wollen dich abfahren sehn!»

«Ja, Ma'am», unterstützte ihn Christopher-John. «Wir warten bloß, bis der Bus abfährt ...»

«Ich hab gesagt, ihr sollt nicht warten! Wer weiß, wie lange der Bus hier noch steht. Außerdem wisst ihr genau, dass ihr bei dem Laden da nichts zu suchen habt.

Jetzt tut, was ich euch sage! Ich komm ja in ein paar Tagen wieder!»

Die Kinder rührten sich nicht.

Ihre Großmutter fing an zu drohen. «Soll ich aus dem Bus steigen, damit ihr endlich auf Trab kommt? Stacey, Junge, jetzt tu was ich sage und schaff die Kleinen von hier weg!»

Jetzt rührten sie sich aber. «Wir haben dich lieb, Big Ma!», brüllten sie ihr zu.

«Ich euch auch! Jetzt lauft schon los. Ich will, dass ihr vor mir hier weg seid. Macht euch keine Sorgen, mir passiert schon nichts!»

«Ja, Ma'am», sagten sie leise und setzten sich langsam in Bewegung.

«Und ihr geht sofort nach Hause, wenn ihr bei Miz Georgia wart! Habt ihr mich verstanden!»

«Ja, Ma'am, Big Ma!», antworteten sie. Als sie dann aufbrachen, sahen sie ein bisschen traurig aus, winkten noch mal und wendeten sich dann ab, gingen langsam am Laden vorbei, die Straße lang, Richtung Brücke. Einmal noch blieben sie stehen, um zu gucken, ob der blöde Bus sich gerührt hatte, aber das hatte er nicht, also gingen sie weiter.

Ich – ich bin zurück zu meinem Pfosten, lehnte mich ganz fest dran und starrte zur Brücke rüber. Der Nebel wurde jetzt dichter, und ich konnte Stacey und die anderen kaum noch sehen, wie sie zur Brücke gingen.

Die Brücke konnte ich überhaupt nicht erkennen. Plötzlich wollte ich unbedingt mit den Logans reden, und so ließ ich den Pfosten alleine rumstehen und raste die Straße lang, den Logans hinterher. Wie ich so rannte, seh ich zwei Fuhrwerke aus dem Nebel kommen. Es war die Familie von Henry Amos, Leute, die ich aus Smellings Creek kannte. Einer der Söhne, Grünauge Shorty Amos, war mit mir in der Jefferson-Davis-Schule in einer Klasse. Ich winkte und rief Shorty und seinen Leuten einen Gruß zu, und die winkten und riefen zurück und rollten weiter. Ich überlegte, ob sie wohl auch heute verreisen wollten wie so viele Leute. Als sie vorbei waren, brüllte ich Stacey und den anderen hinterher. «He, ihr, wartet mal!» Die vier blieben tatsächlich stehen, aber so richtig zu freuen schienen sie sich nicht. «Wo wollt 'n ihr hin?», fragte ich, als ich sie einholte, obwohl mir das eigentlich schon klar war.

Stacey, der hat mir wieder diesen Blick zugeworfen, wie wenn ich zu viele Fragen stellen würde. «Wir müssen was für Big Ma erledigen.»

Aber die Cassie, die hat sofort geantwortet, die war nicht so maulfaul wie Stacey. «Wir gehen zu Miz Georgia. Wir bringen ihr Milch.» Dann marschierte sie auf die Brücke zu; sie hatte gesagt, was zu sagen war. Dieses Mädchen hatte ein ziemlich loses Maul. Mich hat sie auch nie weiter beachtet, außer, dass sie immer gesagt hat, was sie dachte.

«Ja», sagte Christopher-John und lächelte mich richtig freundlich an. Er war ein kleiner pummeliger Bursche und ausgesprochen gutmütig. «Ihre Kuh gibt keine Milch mehr, und die haben so viel kleine Kinder da bei Miz Georgia, und Big Ma sagt, kleine Kinder brauchen 'ne Menge Milch, damit sie richtig wachsen.»

«Und wir haben jede Menge Milch!», erklärte Little Man. Der Junge hatte seinen Stolz, auch wenn er erst vier Jahre alt war, und Stacey, der wusste das. Er guckte mich an, dann Little Man, und machte ihm klar, dass seine Angeberei nicht nötig war.

Little Man verstand den Blick, und er sagte nichts mehr, aber ich konnte ihm ansehen, dass er kein Wort bedauerte. So war er eben.

Ich grinste ein bisschen, mir gefiel seine Art, dann lief ich nebenher und fing ein Gespräch an: «Pladdert ganz schön, was?»

Stacey warf mir kurz einen Blick zu, wie verwundert darüber, dass ich mit ihnen mitgehe, dann stimmte er zu. «Kann man wohl sagen.»

«Durch den ganzen Nebel kann man noch nicht mal die Brücke sehen», bemerkte ich.

«Ist ja auch nicht nötig», erklärte diese Cassie. «So was Armseliges wie die Brücke braucht keiner zu sehen.»

Christopher-John, der ging ein bisschen langsamer: «Ich hab Angst vor der Brücke.»

«Ich nich», sagte Little Man.

«Das liegt daran, dass du nicht genug Durchblick hast, um Angst zu kriegen», meinte Cassie. «Ist doch wahr! Die Brücke brauchste doch nur mal anzupusten, da kippt die um.»

Sie hatte Recht. Das war schon eine wacklige Angelegenheit, diese Brücke. Zum Glück war sie so schmal, dass immer nur ein Fahrzeug drüberfahren konnte. Sie soll schon vor dem Bürgerkrieg gebaut worden sein, und es sah nicht so aus, als wäre seitdem viel dran gemacht worden. Wie wir näher zur Brücke kamen, prasselte der Regen noch stärker und der Nebel breitete sich überall aus, so dass wir fast nichts sehen konnten. Die Äste der Bäume waren von der Last des Wassers runtergedrückt und hingen uns im Weg. An der Brücke blieben wir stehen, wir setzten nicht einen Fuß drauf, während wir in die Fluten vom Rosa Lee starrten. Der Fluss hatte viel Wasser. Stacey, der machte den ersten Schritt auf die Brücke. «Na los, kommt schon», sagte er. «Gehen wir rüber.»

Und da, da fing Christopher-John an zu jammern. «Ich will nich über die Brücke.»

«Musste aber», sagte Stacey. «Zu Miz Georgia müssen wir da rüber.»

«Na, dann … dann warte ich eben, bis ihr zurück seid», sagte Christopher-John.

«Nein, das tust du nicht!», rief Stacey. «Jetzt komm!

Gib mir die Hand.» Stacey hatte jetzt den Fuß auf der Brücke, und es gab nichts, was der arme kleine Christopher-John dagegen hätte machen können. Also nahm er ausgesprochen widerwillig Staceys Hand, und alle Logans betraten die Brücke.

Ich bin mit. Wir machten ein paar vorsichtige Schritte, wobei wir die ganze Zeit die Ohren spitzten, ob wir unter unseren Füßen was knacken hörten; dann fing Cassie an zu brummen: «Und wenn jetzt ein Auto oder ein Laster oder irgendwas hier langkommt, solange wir auf der Brücke sind? Ich kann ja nicht mal die andere Seite sehen!»

«Wir hören, wenn was kommt», sagte Stacey.

«Bei dem Regen?», fragte sie.

«Leute, die bei so'm Nebel unterwegs sind, Cassie, die hupen.»

Christopher-John guckte Stacey mit weit aufgerissenen Augen an: «Bi ... bist du sicher, Stacey?»

«Ja ... brauchst keine Angst zu haben.»

«Brauchst keine Angst zu haben – wenn die Hupe geht», merkte Cassie an.

Da hat Stacey ihr einen Blick zugeworfen, wie wenn sie ihm sonst wie auf die Nerven gehen würde, aber ihr schien das egal zu sein.

«Und wenn nun ein Fuhrwerk kommt?», machte sie weiter. «Fuhrwerke haben keine Hupe.»

Ich hatte das Gefühl, dass Stacey langsam genug

hatte von ihr. «Cassie, Fuhrwerke haben keine Hupe, weil sie keine Hupe brauchen! Die fahren nicht so schnell wie ein Auto! Jetzt komm und halt die Klappe! Wir müssen die Milch zu Miz Georgia bringen und dann nach Hause!»

Da ruft Little Man was, stellt seinen Eimer ab und saust zum Geländer. Little Man, der kriegte nicht so schnell Angst. Er hob einen Stein auf und warf ihn von der Brücke, dann lehnte er sich ans Geländer und starrte ins Wasser, wie wenn er sehen wollte, wo der Stein geblieben war.

«Man!» Stacey ließ Christopher-Johns Hand los und rannte rüber zum Geländer, um Little Man zu retten. «Geh weg vom Geländer!»

Gehorsam machte Little Man einen Schritt zurück und zeigte aufs Wasser: «Haste gesehen, Stacey? Haste gesehen, wie weit ich den Stein geworfen hab?» Er war mächtig stolz auf sich.

Cassie, die rannte zum Geländer und guckte auch rüber. «Ooooohh, guckt doch mal, das Wasser!»

«Ich will das nicht sehen!», brüllte Christopher-John. «Ich will überhaupt gar nichts auf dieser blöden Brücke sehen!», erklärte er und mit diesen Worten marschierte er zurück Richtung Laden.

Stacey, der ist gleich hinter ihm her. Aber Cassie, die kümmert sich um keinen von beiden. Die hat die Augen nach unten gerichtet und guckt die Brücke an. Ich geh zu ihr, weil ich wissen will, was es da zu gucken gibt, und da seh ich, dass eine der Bohlen durchgefault ist, so dass man prima runter aufs Wasser gucken kann. Cassie, das hatte ich schon vor langer Zeit begriffen, die war ein mächtig neugieriges Mädchen, also war ich überhaupt nicht überrascht, wie sie sich bückte, um besser sehen zu können, und sich dann sogar platt auf den Bauch legte und durchs Loch schaute.

«Kommt mal gucken!», brüllte sie.

Ich wusste, dass sie ihre Brüder meinte und nicht mich, aber ich legte mich trotzdem flach auf die Brücke, neben sie, und riskierte einen Blick. Das Wasser sah ganz nah aus, als wollte es gleich hochspringen und uns schnappen. Little Man kam sofort angeflitzt, aber bevor er bei uns und dem Loch angekommen war, hatte ihn Stacey, der Christopher-John an der Hand hinter sich herzerrte, gepackt und schrie: «Cassie, steh jetzt auf, runter von der Brücke.»

Cassie drehte sich um: «Ach, komm schon, Stacey, guck doch mal. So hoch war das Wasser noch nie.»

Aber Stacey, der stampfte mit dem Fuß auf. Er hielt Little Man und Christopher-John fest und von Cassie würde er sich nichts gefallen lassen. «Cassie, steh jetzt auf!», brüllte er. «Hört endlich auf mit dem Blödsinn! Christopher-John, mach die Augen auf! Little Man, hör auf zu zappeln! Cassie, komm jetzt! Wir müssen

die Milch zu Miz Georgia bringen und dann nach Hause. Los jetzt, gehen wir!»

Cassie, Christopher-John und Little Man erinnerten sich wieder an ihre Aufgabe, und taten, was Stacey sagte. Cassie, die rappelte sich auf, Christopher-John machte die Augen auf, und Little Man ging ordentlich, und die vier zogen los. Um mich haben sie sich nicht weiter gekümmert, und ich bin auch nicht hinterher. Trotzdem, ich hab noch mal gerufen, und sie haben sich umgedreht. «Passt auf euch auf!», rief ich.

«Ja ... du auch!», antwortete Stacey, wie wenn er vergessen hätte, dass ich überhaupt dabei gewesen war. Dann sind sie weiter, hinein in den Nebel. Ich hab nicht mal den Versuch gemacht mitzugehen. Ich wusste, dass sie mich nicht dabeihaben wollten. Ich wäre so gerne mit den Logans befreundet gewesen, und ich wollte auch, dass sie das wissen, aber irgendwie kam ich nicht an sie ran. Ich sah ihnen nach, bis sie verschwanden, dann drehte ich mich um und lief zurück zum Laden.

Wie ich hinkam, war da ein ziemlicher Trubel. Der Bus stand noch, und der Busfahrer schrie sich die Lunge aus dem Hals. «Noch mal sag ich das nicht!», brüllte er. «Ihr sollt aussteigen, alle! Der Bus ist voll!»

Ich fragte mich, was da los war, und blieb stehen. Da hab ich gesehen, dass der Bus voll war, und ich hab auch gesehen, dass Mr. und Miz Henry Amos und ein Haufen von ihren rothaarigen Kindern auf der Veranda standen, alle schwer bepackt. Sie sahen aus, wie wenn sie drauf warteten, einsteigen zu können. Der Busfahrer stand im Bus, gleich vorne bei seinem Sitz. Und im Gang standen noch mehr von der Amos-Sippe.

«Los jetzt!», befahl der Busfahrer.

Ich dachte, er redet vielleicht mit denen von der Amos-Familie, die im Gang standen, aber die haben sich nicht gerührt. Die Leute, die hinten saßen, die Farbigen, die haben sich bewegt, und zwar mächtig schnell. Sie standen von ihren Plätzen auf und kamen nach vorne. Die Amosse sind nach hinten und haben sich hingesetzt. Die farbigen Leute, die sind ausgestiegen, auch die Großmutter von Stacey und denen. Ohne ein Wort ist sie raus, die Tasche in der einen, den Sack in der anderen Hand. Draußen blickte sie sich um, die Straße rauf und runter. Sie guckte mich an, hat aber nichts gesagt. Ihr Gesicht war unbeweglich, starr. Sie wandte sich um und ging langsam die Straße lang, weg vom Laden, weg vom Bus, nach Hause. Sie trug den Kopf aufrecht, und sie blickte sich nicht um, kein einziges Mal. Rudine und ihre Mama, die sind auch ausgestiegen. Und auch die anderen farbigen Leute, die aus Jackson gekommen waren. Ich wartete darauf, dass Josias auch ausstieg, aber der kam nicht. Ich hab in den Bus geguckt, und da seh ich ihn noch hinten auf seinem Platz sitzen, und der Busfahrer, der hatte ihn auch entdeckt.

«Nigger!», brüllte er Josias an. «Hab ich nicht gesagt, du sollst aussteigen?»

«J… ja, Sir, aber ich … ich habe doch bezahlt …»

«Du kriegst es zurück.»

«J… ja, Sir, aber … ich muss mit diesem Bus fahren! Ich muss heute fahren!»

«Wozu denn?»

«Ich … ich muss was erledigen», behauptete Josias. «Was ganz furchtbar Wichtiges!»

Der Fahrer lachte nur. «Soweit ich weiß, sind für einen Nigger bloß zwei Sachen ganz furchtbar wichtig: ’ne Pulle Schnaps und ’ne Mieze. Was von beidem isses denn, Junge?»

Josias hat nicht geantwortet. Er hat bloß dagesessen auf seinem Sitz, den Kopf hat er hängen lassen. Ich wusste ja, warum er unbedingt fahren wollte, aber ich wusste auch, dass er das dem Busfahrer nicht sagen konnte. Hätte wahrscheinlich sowieso nichts ausgerichtet, nehme ich an.

«He, Junge, du hast mich doch gehört, oder?» Josias, der hebt den Kopf. «Was isses nu, was du erledigen musst?»

Josias stand auf. Er nahm sein Bündel und machte seinen Platz frei. Mit langsamen Schritten kam er nach vorn. Ich ging zur Bustür, um ihm was Tröstliches zu sagen, aber er ist immer noch nicht ausgestiegen. Er blieb direkt vor dem Fahrer stehen und flehte ihn an. «Bitte, Boss … ich muss heute zum Trace. Bitte, Boss, ich hab meine Fahrkarte. Ich hab alles geplant. Die Leute warten auf mich. Ich muss mit dem Bus fahren!»

«Nigger, ich hab gesagt, du steigst aus!»

«Boss, bitte …»

Aber der Busfahrer gab Josias keine Chance mehr, noch was zu sagen. Er stieß Josias zur Tür, stellte ihm seinen Fuß auf den Rücken und gab ihm einen Tritt, wie wenn Josias nichts weiter als ein Gepäckstück wäre, und Josias stolperte die Stufen runter und landete ausgestreckt im Schlamm. Der Busfahrer warf Josias sein Bündel hinterher und auch sein Fahrgeld.

Ich wusste nicht, was ich sagen sollte. Josias, der guckte mich an, dann rappelte er sich hoch. Er hob sein Bündel auf und sein Geld und ging weg, auf die Brücke zu. «Josias!», rief ich. «Warte mal! Josias?»

Ich rannte ihm hinterher, aber er blieb nicht stehen.

«Josias! Das tut mir Leid! Tut mir Leid, dass du nicht mitkommst! Josias, hast du mich gehört …?»

Jetzt blieb er stehen, und drehte sich zu mir um. Ich blieb auch stehen. «Tja, so isses nu mal, oder?», hat er gesagt.

Ich nickte, ja, so war es, und er ging weiter, und ich

stand bloß da und starrte ihm hinterher. Ich war so versunken, dass ich nicht gehört hab, wie Pa gekommen ist. Aber da schlug er schon auf mich ein. Pa traf immer blind, egal von wo, und auch diesmal hat er mich voll erwischt.

«Pa!», heulte ich.

«Hab ich dir nicht gesagt, du sollst dich nicht mit Niggers abgeben?»

«Aber Pa, ich hab …»

Er schlug noch einmal zu. «Wag ja nich, mir zu widersprechen!» Er riss an meinen Ohren.

«Nein, Sir, Pa.»

«Du hörst jetzt endlich auf, dich an diese Niggers ranzuschmieren, hast du gehört? Die haben ihren Platz in dieser Welt und wir haben unsern, und ihr Platz ist nicht neben uns, die sind nicht wie wir. Hast du mich verstanden, Junge?»

Ich ließ den Kopf hängen und betrachtete eingehend meine Füße. «J… ja Sir, Pa.» Aber das war nicht die Wahrheit. Ich habe ihn nicht verstanden. Nein, Sir, hab ich nicht. Ich mochte diesen Jungen, den Stacey, und das Mädchen Cassie und den kleinen Christopher-John und Little Man. Ich mochte auch Josias. Aber das hab ich Pa nicht gesagt. Für mich waren Leute einfach Leute, aber Pa, der duldete nicht, wenn man was Falsches dachte, also hab ich nichts gesagt.

Pa ist zurück in den Laden, und ich hab von meinen

Füßen hochgeguckt. Ich hab zum Laden rübergeguckt und dann zur Brücke hin. Der Nebel war so dick, dass ich weder Josias noch die Brücke sehen konnte, ich bin aber trotzdem hinter Josias hergerannt. Ich rief seinen Namen, sobald ich wusste, dass Pa mich nicht mehr hören konnte. Ich wusste, dass Josias da vor mir war, und ich wusste, dass er mich hörte, aber er hat nicht auf mich gewartet und er hat mir nicht geantwortet. Aber ich hab nicht aufgegeben. Ich bin weitergerannt.

Dann hörte ich den Bus, hab die Lichter kommen sehen und bin schnell aus dem Weg, die Böschung neben der Straße hoch. Der Bus ist vorbei, und ich bin gleich hinterhergewetzt. Der Bus steuerte auf die Brücke zu, ich auch. Ich raste, bis mir fast das Herz platzte, um Josias einzuholen. Ich sauste wie der Blitz.

Wie ich an der Brücke war, war ich fertig. Meine Füße wollten einfach nicht mehr hoch und wieder runter. Josias konnte ich nicht sehen, aber gesehen hab ich, wie der Bus auf die Brücke gesaust ist, wie wenn ihm jemand auf den Fersen wär. Mit aller Macht wollte ich meine Füße in Bewegung setzen, hinter dem Bus her, aber der ist mir einfach weggefahren. Er war wohl zu schnell, denke ich, denn er war noch nicht halb über die Brücke, da fängt er wie verrückt an zu eiern, schlingert hin und her auf den verfaulten Bohlen, dann kracht er wie ein Geschoss ins Brückengeländer,

donnert hindurch und schießt hinab, direkt in die Fluten vom Rosa Lee.

Ich rannte zum durchgebrochenen Geländer. Da kommt Josias aus dem Nebel, von der anderen Seite. Josias, der fängt mich auf, wie ich angerannt komme, denn ich war am Fliegen, und wenn er mich nicht geschnappt hätte, dann wäre ich auch runter in das Wasser geschossen. Josias hielt mich, und wir beide standen vor dem durchgebrochenen Geländer, und der Regen prasselte auf uns runter. Der Bus lag wie ein toter Wels mit dem Bauch nach oben und sank schnell. Dann dachte ich an Miz Hattie und Grace-Anne und ich schrie: «Josias! Die ganzen Leute! Die sterben alle!»

Josias, der legt mir seine Hände auf die Schultern und beruhigt mich, erinnert mich dran, dass ich ein Mann bin. «Jeremy, du gehst jetzt zurück zum Laden», sagte er. «Auf der Stelle, klar? Hol deinen Pa, deine Brüder, alle, die du kriegst! Sag ihnen, der Bus ist von der Brücke gestürzt!»

«Aber Miz Hattie und Grace-Anne, Josias …»

«Ich kümmer mich drum. Ich geh jetzt gleich runter, und kümmer mich um die alle. Du lauf los, Junge! Lauf was du kannst!»

Ich war gar nicht richtig bei mir, wie ich nickte und zustimmte, aber irgendwie spannten sich meine Beine, und Josias hat mir einen kleinen Schubs gegeben, und schon bin ich über die Brücke gerast und über die glitschige Straße. Müde war ich nicht mehr, aber Angst hatte ich mächtig. Bevor ich zum Laden kam, guckte ich noch mal zur Brücke. Da war ein Loch im Nebel, aber Josias konnte ich nicht sehen. Er war schon am Wasser. Ich rannte weiter und schrie: «Pa! Der Bus ist von der Brücke gestürzt! Pa! Pa! Komm schnell, Pa! Der Bus ist von der Brücke gestürzt!»

Bei dem klatschenden Regen hat mich niemand gehört, bis ich auf der Veranda war und nach drinnen stürmte, und Pa, der guckte gar nicht fröhlich, wie er mich sah. Er kniff die Augen zusammen und bellte: «Junge, was machst'n du für 'n Krawall?»

Normalerweise hätte ich jetzt gestottert, aber dafür war keine Zeit. «Pa, komm schnell!», rief ich mit lauter und fester Stimme. «Der Bus ist von der Brücke gestürzt! Ich hab's gesehn! Eben grade! Ich hab's gesehn!»

«O Gott!», stieß Mr. Wallace aus. «Wirklich wahr? Du machst doch keine Witze, oder, Junge?»

«Ich hab's gesehn, Mr. John!», schrie ich. «Josias und ich, wir haben's beide gesehn!»

Die Männer zögerten nicht. Alle sprangen auf und rannten nach draußen zur Brücke. Ich kriegte kaum noch Luft, aber ich hab mir keine Pause gegönnt. Ich bin mit den anderen die Straße langgestürmt und bin kein bisschen langsamer geworden. Wir kommen zur

Brücke, und Pa und Mr. Wallace, R.W. und Melvin und die anderen Erwachsenen rennen genau dahin, wo der Bus runter ist. Das Geländer war natürlich weg, an der Stelle war nur noch ein großes gähnendes Loch. Dorthin sind die Männer, und es hätte nicht viel gefehlt, da wären sie auch reingefallen. Die standen alle da, als hätten sie nicht erwartet, den Bus zu sehen, aber da lag er. Ich hatte nicht gelogen. Dann übernahm Pa das Kommando. «Melvin, R.W.! Ihr geht aufs westliche Ufer! Wir anderen gehen aufs östliche!»

Meine Brüder und all die anderen Männer, die haben ihm sofort gehorcht! Und blitzschnell sind sie losgerast. Aber bevor Pa zum Wasser ist, guckt er mich an: «Jeremy, Junge!», rief er. «Lauf zur Kirche und läute die Glocke! Ganz laut, hörst du? Läute so, dass es die Leute überall hören können! Läute, damit alle herkommen!»

«Ja, Sir, Pa!», versprach ich, und er ist zum Wasser.

Ich wollte gerade los und machen, was Pa gesagt hatte, da seh ich Stacey und die anderen auf die Brücke rennen, sie hatten ihre Milch weggebracht. Sie rannten zu der Stelle, wo das Geländer gekracht war, und brüllten: «Was ist passiert? Was ist passiert?» Dann sehen sie den Bus und schreien: «Big Maaaa!»

Ich bin gleich hin zu ihnen gerannt. «Ihr ist nichts passiert!», schrie ich. «Eurer Großmutter, der ist nichts passiert! Sie ist nach Hause gegangen!»

Sie guckten mich an, wie wenn sie mir nicht glauben würden.

«Aber ... aber sie war doch in dem Bus», sagte Stacey.

Ich schüttelte den Kopf. «Nein ... nein, Stacey, war sie nich.»

«Klar war sie in dem Bus!», brüllte mich Cassie an.

«Nein ...» Ich schämte mich, ihnen zu erzählen, was gewesen war, aber ich hab's doch getan. «Da ... da war nicht genug Platz für alle, und da ... da hat der Busfahrer, der ... der hat alle farbigen Leute aussteigen lassen. Eure Großmutter, Josias, Rudine und ihre Mama, die sind alle ausgestiegen.»

Die vier starrten mich an, wie wenn sie meinen Worten nicht trauen würden.

«Was? Ihr glaubt mir nich?», sagte ich. «Ich würde euch doch nicht anlügen! Doch nicht bei so was! Josias ist da unten, fragt ihn, wenn ihr mir nicht glaubt! Fragt Josias! Der wollte gerade nach Hause, da ist der Bus runtergekracht, und jetzt ist Josias da unten und holt die Leute raus! Fragt doch ihn, wenn ihr mir nich glaubt!»

Stacey blickte über die Brücke. Der Nebel war wieder dichter geworden, von Josias war nichts zu sehen. Stacey guckte wieder mich an, dann sagte er ganz leise: «Kommt. Wir gehn nach Hause.»

«Aber, Stacey, Big Ma ...» fing Cassie an.

Stacey ließ die Augen nicht von mir. «Sie ist zu

Hause», sagte er, und ich wusste, dass er mir glaubte. Dann flitzte er ohne ein Wort zu sagen los, und Cassie, Christopher-John und Little Man sausten direkt hinter ihm her, sie rannten so schnell sie konnten nach Hause. Ich wollte ihnen gerade nach, weil die Kirche auch in der Richtung lag, da lichtete sich der Nebel und Josias kam aus dem Wasser und er hielt ein kleines Bündel in den Armen, das aussah, wie wenn's bloß eine nasse Puppe wär, mit goldenem Haar, und ich blieb stehen. Er legte sein Bündel ganz sachte ans Ufer. Er legte es gleich neben einen leblosen weißen Körper, der hatte einen sommerhimmelblauen Hut auf dem Haar stecken. Er legte das Bündel gleich neben Miz Hattie.

«Josias!», schrie ich, und er schaute zur Brücke hoch, wo ich stand. Da rannte ich runter und schrie mir die Seele aus dem Leib. «Miz Hattie! Miz Hattie! Grace-Anne!» Ich rannte auf die Körper zu, die so still und leblos am Ufer lagen. Josias aber, der hat mich geschnappt, bevor ich dahin kam.

«Bleib hier, Junge», sagte er. «Bleib hier.»

«Josias, sie sind doch nicht ... sie sind ...»

«Doch, Sir, Junge, ... sie sind.»

Ich schüttelte den Kopf und schaute zu ihm hoch. «Aber wieso, Josias? *Wieso?*»

Josias, der schüttelte auch den Kopf und tat einen tiefen Seufzer. «Wie soll ich das wissen? Soll ich die Wege des Herrn in Zweifel ziehn? Ich weiß bloß eins,

ich weiß, dass im Heiligen Buch steht, da steht, die Wege des Herrn, die sind unergründlich.»

«Aber Josias …»

«Jeremy!»

Ich guckte zum anderen Ufer. Das war Pa.

«Bist du noch nich weg!», brüllte er. «Ich hab gesagt, du sollst die Glocke läuten gehen! Los jetzt!»

Josias klopfte mir auf die Schulter und sagte ganz leise: «Lauf schon, Junge. Lauf und läute die Glocke.»

Ich warf noch einen Blick auf Miz Hattie und Grace-Anne, dann noch einen auf Josias, und dann rannte ich die Böschung hoch zur Straße. Ich rannte am Laden vorbei, rannte Richtung Schule und Kirche. Der Regen prasselte heftig auf mich herunter, und ich war froh drüber, denn ich weinte auch heftig. War kein großer Unterschied zwischen Regen und Tränen, und ich brauchte keins von beidem abzuwischen. Ich rannte zur Kirche, rannte zum Turm, ich läutete die Glocke, läutete die Glocke mit aller Kraft, und die ganze Zeit weinte ich, weil ich nichts von dem verstand, was an dem Tag passiert war, wieso Miz Hattie und Grace-Anne in dem Bus waren, und Josias und die Großmutter von Stacey und denen und auch Rudine und ihre Mutter nicht. Unergründlich sind die Wege, hatte Josias gesagt. Aber wenn der Herr strafte, warum dann Grace-Anne und Miz Hattie? Die hatten doch niemandem was getan.

Ich hab die Glocke geläutet, bis ich nicht mehr konnte, und dann, als die Leute kamen, die von der Glocke gerufen worden waren, rannte ich mit ihnen zurück zum Rosa Lee. Josias war immer noch da und holte Leute raus. Ich bin runter ans Ufer, hab noch einmal Miz Hattie und Grace-Anne angeguckt, und dann bin ich zu Josias. Ich bin zum Wasser und hab ihm geholfen.

Josias und ich, wir waren den ganzen Tag da.

RUTH WHITE

# Die Schlangenbrücke

*Aus dem Amerikanischen von Bettine Braun.*
*176 Seiten, gebunden mit Schutzumschlag.*

«Ab und zu gibt es ein Jugendbuch, bei dem man ahnt, dass der Autor hier von seiner Jugend erzählt hat, richtiger wohl vom Langsam-sich-aus-der-Jugend-Entfernen ... Ein solcher Roman ist Ruth Whites *Die Schlangenbrücke*. Die 1942 geborene Autorin wuchs ebenso wie ihre Heldin Ginny im südwestlichen Virginia auf, dort wo die Bergwerksgebiete der Appalachen sind. Ginny erzählt zunächst von schmerzlichen Dingen, dem Tod ihres Vaters, dem bitteren Schicksal ihrer besten Freundin, der Häme, die sie als Fremde am Ort verfolgt, aber es geschieht mit der gleichen Leichtigkeit, wie sie dann auch über ihre Spiele und Vergnügungen berichtet, die lebensgefährlichen Abenteuer im Bach und im Wald. Sie erzählt auch von Träumen, echten und Wunschträumen, und über allem liegt die seltsame Unwirklichkeit einer selbsterlebten Geistererscheinung.»

*Klaus Seehafer / Frankfurter Allgemeine Zeitung*

«Man merkt es dem Buch an, dass Ruth White, Lehrerin von Beruf, im Kohlenrevier aufgewachsen ist. Ihre Geschichte, gekonnt aus der Sicht der kleinen Ginny erzählt, ist voller Atmosphäre, echt im Milieu, präzise in der Beschreibung eines Amerikas, das vom vielbeschworenen ‹Amerikanischen Traum› meilenweit entfernt ist.»

*Otto Kuhn /Stuttgarter Nachrichten*

VERLAG FREIES GEISTESLEBEN

PETER CARTER

# Die Sentinel

Sklavenschmugglern auf der Spur

*Aus dem Englischen von Ute Mäurer*
*und Ulrich Mihr.*
*272 Seiten, kartoniert.*

England im Jahre 1840. Die Kriegsschiffe der Royal Navy kreuzen vor der Westküste Afrikas, um dort Jagd auf Sklavenschiffe zu machen. Der fünfzehnjährige John Spencer ist als Offiziersanwärter auf der «Sentinel» dabei.

Packend und kenntnisreich schildert Peter Carter ein düsteres Kapitel aus der Geschichte des Sklavenhandels.

«Ob Seuchen oder Auspeitschungen, Schiffbrüche oder Tode beschrieben werden, sie wirken doch wie nebensächlich, denn eigentlich handelt das Buch vom Leiden der Sklaven und von den Schwierigkeiten selbst ihrer Retter, sie wirklich als Menschen anzuerkennen. Und doch liest man das Buch gern – ja, es ist sogar heiter. Ein großartiges Buch!» *The Guardian*

VERLAG FREIES GEISTESLEBEN